나도 책이 좋아

스콜라 scola_가치 있는 책을 만드는 아름다운 책 학교
(주)위즈덤하우스의 아동·청소년 브랜드입니다.

글 오미경
1998년 '어린이동산'에 중편동화 《신발귀신나무》가 당선되어 어린이 동화를 쓰기 시작하였습니다. 오랫동안 독서 지도사로 활동해 왔고, 어린이들에게 책 읽기의 즐거움을 알려주고 싶어 이 글을 쓰게 되었습니다. 그동안 지은 책으로는 《신발귀신나무》《교환 일기》《선녀에게 날개옷을 돌려줘》《일기똥 싼 날》《뚱뚱해서 싫어?》 등이 있습니다.

그림 국지승
서울예술대학에서 시각 디자인을 공부하였고, 지금은 그림책과 동화책에 그림 그리는 일을 하고 있습니다. 쓰고 그린책에는 《있는 그대로가 좋아》《앗! 따끔!》이 있고, 그림을 그린 책에는 《모두 모두 달라!》《깜빡해도 괜찮아》 등이 있습니다.

좋은습관 길러주는 생활동화 08

독서. 습관을. 확실하게. 잡아주는. 책.

나도 책이 좋아

글 오미경 | 그림 국지승

위즈덤하우스

작가의 말

보물처럼 소중한 친구 만나 볼래요?

　어린 시절, 책은 나에게 귀한 장난감이었어요. 그땐 책도 많지 않았어요. 학교에서 주는 교과서와 선물로 받은 동화책 몇 권이 전부였으니까요. 책 읽기를 매우 좋아했던 나는 새 학기가 오기를 손꼽아 기다렸어요. 왜냐하면, 새 학기가 되면 학교에서 새 교과서를 나누어 주었기 때문이에요.

　추워서 밖에 나가지 못할 때나 어두워져 안에서 놀 때면 언니 오빠와 함께 모여 앉아 책을 가지고 놀기도 했어요. 돌아가며 한 사람씩 책을 펼쳐 삽화에 나오는 사람 수를 센 다음, 이긴 사람이 진 사람의 손목을 때리며 노는 거예요.

　중학교에 들어갔을 때 제일 좋았던 건 학교에 도서관이 있다는 거였어요. 중학생이 되어 처음 소설을 읽었을 때의 느낌은 지금도 생생해요. 빨려 들어갈 듯 재미있는 이야기에 얼마나 가슴이 쿵쾅거리고 흥분되었는지 몰라요. 쉬는 시간에 책을 읽다가 수업이 시작되면 책 내용이 너무 궁금해 선생님 몰래 교과서 뒤에 소설책을 숨겨 놓고 읽곤 했지요. 선생님께 들킬까 봐 가슴 조이며 읽는 소설은 더 짜릿하고 재미있었어요.

'책은 위대한 스승이다.' '책을 많이 읽으면 훌륭한 사람이 된다.' 선생님은 이런 말들을 자주 하셨지만, 그땐 단지 책이 좋아서 읽었지, 책을 위대한 스승이라고 생각해 본 적은 없어요. 하지만 어른이 된 지금 생각해 보면 책은 정말 나의 위대한 스승이었던 것 같아요. 내가 읽은 책들이 나를 바른 길로 이끌어 주었으니까요.

이 책을 읽는 어린이 여러분! 넘어졌을 때 손을 잡아 주고, 속상할 때 위로해 주고, 길을 몰라 헤맬 때 등대가 되어 주는 친구가 있다면 정말 좋겠지요? 재미있고, 마음이 따뜻하고, 지혜로운 친구가 평생 곁을 지켜준다면 얼마나 든든하고 힘이 날까요? 내가 그런 친구 소개해 줄까요? 자, 손을 내밀어 보세요. 그리고 책을 잡으세요. 그 책이 바로 여러분의 친구랍니다. 보물처럼 소중한 친구를 절대로 놓치지 마세요.

산수유 피는 봄날에,

오미경

차례

작가의 말 ... 4

우리 집에 온 책벌레　8

책보다 축구가 좋아　15

답답한 굼벵이 사촌　25

32
최고로 얄미운 최미윤

한밤 중의 작전 41

나만의 독서 놀이 47

빨주노초파남보 무지개 56

놀벌레와 책벌레 71

부록 제대로 따라하는 독서 습관 OK! ... 80

❶ 놀벌레와 책벌레의 따라잡기
❷ 나에게 맞는 독서 습관 기르기
❸ 일석이조 독서 놀이

chapter 1

딩동~ 딩동~!

동민이는 깜짝 놀랐어요. 현관문을 열자마자 산더미 같은 책 탑이 눈에 들어왔거든요. 책들 너머로 고운이 얼굴이 겨우 보였어요. 고운이 뒤에는 고모가 커다란 가방을 들고 서 있었어요.

"야! 여기가 헌책방이야? 왜 이렇게 책을 많이 가지고 와?"

"왜긴? 읽으려고 가지고 왔지."

두꺼운 안경을 쓴 고운이는 눈을 동그랗게 떴어요.

"이렇게 많은 책을 다?"

"많긴 뭐가 많아? 더 가져오고 싶었는데 무거워서 다 못 가져왔단 말이야."

으으으! 저렇게 많은 책을 다 읽는다고? 동민이는 6학년이 되어도 다 못 읽을 것 같았어요.

고운이는 엄마한테 인사를 하자마자 소파에 앉아 책을 읽었어요.

"언니! 고운이 잘 부탁해요."

고모는 엄마 손을 꼭 잡으며 말했어요.

"고운이 걱정은 하지 말고 시어머님 병간호나 잘해 드려요. 병원에서 오래 지내려면 고생스러울 텐데……."

엄마는 걱정스러운 얼굴로 말했어요.

"동민아! 고운이랑 싸우지 말고 사이좋게 지내. 고모는 동민이만 믿는다."

고모가 현관을 나가며 말했어요.

"네, 고모!"

동민이는 대답은 했지만 속으로는 별로 달갑지 않았어요.

고운이는 얼마 동안 동민이네 집에서 같이 지내기로 했어요. 고운이 할머니가 큰 수술을 받아서 고모가 병원에서 돌봐 드려야 하거든요.

고종사촌인 고운이 대신 사촌 형인 동규 형과 같이 지낸다면 얼마나 좋을까요? 동규 형과는 축구, 야구, 컴퓨터 게임도 함께 할 수 있거든요. 같이 목욕도 할 수 있고, 밤에 침대에 누워 장난치는 것도 얼마나 재미있다고요.

'동규 형 할머니가 편찮으시면 좋을 텐데……. 참, 동규 형 할머니는 우리 할머니지? 그럼, 동규 형 외할머니가 편찮으시면 좋을 텐데…….'

동민이는 아쉬움에 입맛을 다셨어요.

고운이는 같은 학교, 같은 학년인 데다 생일도 비슷해요. 동민이가 고운이보다 삼 일 먼저 태어나서 그나마 다행이에요. 하마터면 고운이가 누나가 될 뻔했으니까요. 그렇다고 고운이가 동민이한테 오빠라고 하는 건 절대 아니에요.

"어머! 고운이는 어쩜 그렇게 책을 좋아하니? 그래서 공부도 잘하고 글도 잘 쓰나 봐."

고운이는 책을 읽다 말고 엄마를 보며 생긋 웃었어요.

"고운아! 잘됐다. 네가 동민이 책 선생님 좀 돼 줘라. 동민이도 너처럼 책을 많이 읽었으면 좋겠거든."

"네, 외숙모! 박동민! 이제부터 나한테 선생님이라고 불러."

고운이는 잔뜩 으스대는 얼굴로 말했어요. 동민이는 엄마 몰래 고운이한테 주먹을 쥐어 보였어요.

"외숙모! 동민이가 때리려고 해요."

여자애들은 다 이르기 대장이에요. 학교에서도 여자애들은 어쩌다 옷깃만 스쳐도 선생님을 부르거든요.

"박동민! 이제부터 고운이랑 사이좋게 지내면서 책도 같이 읽어!"

고운이는 엄마 말에 혀를 쏙 내밀었어요.

동민이는 눈앞이 캄캄해졌어요. 맹꽁이 책벌레와 같이 책을

읽으라니요.

'으으윽! 책벌레 최고운! 너, 우리 집에 왜 온 거야!'

동민이는 마치 끔찍한 벌레가 집 안에 들어온 것 같은 기분이었어요.

chapter 2

오늘은 신나는 토요일, 3반과 축구 시합이 있는 날이에요.

"똥민! 오늘은 꼭 이기자."

"당연하지."

교실을 나서면서 동민이는 윤표와 손바닥을 마주쳤어요. 지난번 축구 시합 때 져서 이번엔 꼭 이겨야 돼요.

시합이 시작되고 5분쯤 지나서 동민이네 반이 한 골을 넣었어요. 그런데 얼마 뒤에 3반이 두 골을 연달아 넣었어요. 다행히 전반전이 끝나기 직전에 윤표가 한 골을 넣어 2대 2가 되었어요.

"1반, 1반, 1반 파이팅!"

후반전이 시작되기 전에 동민이네 반은 큰소리로 파이팅을 외쳤어요.

후반전이 끝나갈 무렵, 3반이 공격하던 공을 윤표가 재빨리 빼앗아 몰고 왔어요.

"윤표야! 패스!"

 동민이는 윤표에게 받은 공을 그대로 골대로 몰고 가 힘껏 찼어요. 공이 골대 안으로 쑥 들어갔어요. 동민이는 반 아이들과 함께 얼싸안고 펄쩍펄쩍 뛰었어요.
 3대 2로 축구 시합이 끝났어요. 동민이는 같은 아파트에 사는 윤표와 함께 집으로 갔어요. 발에 바퀴가 달린 것처럼 발걸음이 가벼웠어요.
 "야, 똥민! 우리는 역시 환상의 짝꿍이야. 오늘 이긴 기념으로 한 게임 어때?"
 "좋아! 이따 세 시에 만나자."
 동민이는 윤표와 헤어지고 콧노래를 부르며 현관문을 열었어요. 엄마는 보이지 않고, 고운이 혼자 소파에 앉아 책을 읽고 있었어요.

'어휴! 책벌레!'

동민이는 목이 말라 사이다를 마신 뒤, 이것저것 간식을 찾아 먹었어요. 그리고 세수를 했어요. 땀이 나서 몸이 끈적거렸거든요. 동민이가 한참 왔다 갔다 하는 동안에도 고운이는 꼼짝 않고 책만 보았어요. 마치 책 읽는 동상처럼 말이에요.

동민이는 고운이 앞으로 다가가 손가락을 뱅글뱅글 돌렸어요. 그래도 고운이는 책에서 눈을 떼지 않았어요. 눈앞에 더 바싹 대고 돌리자 그제야 고개를 들어 째려보았어요.

"난 네가 얼음 인간이 된 줄 알고."

"난 책 읽는데 누가 방해하는 게 제일 싫거든!"

고운이는 쌀쌀맞게 내뱉고는 다시 책을 읽었어요.

"참, 너도 책 읽어. 외숙모가 너 오면 같이 읽으랬어."

고운이가 다시 고개를 들며 말했어요.

"책벌레나 실컷 읽으세요. 난 신나게 게임할

거니까."

 깨알 같은 글씨만 빼곡한 책이 뭐가 재미있다고요. 불쌍한 최고운! 축구할 때 골을 넣거나 게임에서 이겼을 때의 그 짜릿한 맛을 모르다니요.

 동민이는 컴퓨터에서 윤표를 만나 한참 동안 게임을 하고 있었어요.

"박동민! 당장 컴퓨터 안 꺼?"

갑자기 엄마 목소리가 천둥처럼 울렸어요.

"가방은 바닥에 던져 놓고, 도대체 몇 시간이나 컴퓨터를 한 거야? 고운아! 동민이 언제부터 게임 했니?"

"학교에서 오자마자 바로요."

고운이는 기다렸다는 듯이 냉큼 대답했어요.

"그럴 줄 알았어. 박동민! 당장 고운이 옆에 앉아서 책 읽어."

엄마는 눈을 부릅뜨며 말했어요.

의리라고는 눈곱만큼도 없는 최고운! 같이 책 읽다가 조금 전부터 컴퓨터를 했다고 하면 얼마나 좋을까요. 책을 아무리 많이 읽으면 뭐해요? 눈치코치도 없는데 말이에요.

"어머! 장미가 벌써 시드네. 삼 일밖에 안 됐는데……."

엄마는 꽃병을 보더니 얼굴을 찡그렸어요. 엄마가 아빠한테 생일 선물로 받은 장미꽃이 고개를 살짝 숙이고 있었어요. 아침까지만 해도 꼿꼿했는데 말이에요.

"외숙모! 꽃을 오래 가게 할 수 있는 방법이 있어요."

"그래? 어떻게 하면 되는데?"

고운이 말에 엄마의 얼굴이 해님처럼 환해졌어요.

"줄기를 비스듬히 잘라 주면 물을 잘 빨아들여서 싱싱하대

요. 그리고 사이다를 조금 넣어 주면 꽃이 오래 간대요. 얼음을 넣어도 좋고요."

"어머머! 그래? 넌 어떻게 그런 걸 다 아니?"

"책에서 봤어요."

"고운이는 어쩜 이렇게 똑똑하니?"

엄마는 고운이의 머리를 쓰다듬어 주었어요. 그리고 고운이의 말대로 줄기를 비스듬히 자르고, 꽃병에 먹다 남은 사이다를 넣었어요. 얼음 몇 알과 함께요.

저녁 무렵, 장미꽃이 다시 생생해졌어요. 엄마 얼굴도 장미꽃처럼 활짝 피어났어요.

"똑똑한 고운이 덕분에 외숙모가 며칠 더 행복하겠네."

엄마는 고운이에게 봄 햇살처럼 따스하게 웃어 주었어요.

"박동민! 너도 고운이처럼 책 좀 읽어 봐. 만날 공만 차고 컴퓨터 게임이나 하지 말고."

엄마는 말끝마다 고운이를 들먹이며 비교했어요.

'이 세상에 있는 모든 신들이시여! 고운이 할머니를 빨리 낫게

해 주세요. 그래서 최고운이 빨리 집에 갈 수 있게 해 주세요!'

동민이는 마음속으로 빌며 책을 펼쳤어요. 책을 펼치자마자 하품부터 나왔어요. 이렇게 재미없는 걸 어떻게 몇 시간씩 읽을 수 있지요?

책에 있는 글자들이 꼬물꼬물 기어 다니는 개미처럼 보였어요. 슝슝슝! 동민이는 눈총으로 개미들을 쏘았어요. 책에 꼬불꼬불한 미로가 생겨났어요. 슝! 슝! 슝! 이번에는 '가'와 '는'만 골라 눈총을 쏘았어요. 개미 시체들이 하나씩 늘어날 때마다 웃음이 나왔어요.

고운이가 눈을 동그랗게 뜨고 동민이를 보았어요.

'히히히! 책이 재미있어 웃는 줄 알지? 속았지롱!'

동민이는 고운이에게 혀를 쏙 내밀었어요.

chapter 3

"동민아, 얼른 일어나! 학교 안 가?"

엄마가 이불을 홱 젖혔어요.

"에이! 조금만 이따 깨우지. 막 골을 넣으려고 했는데……."

꿈속에서 공을 몰고 신나게 골대 쪽으로 달려가고 있었는데 하필이면 그때 깨울 게 뭐예요.

"고운이는 아까 일어나서 벌써 책 한 권을 다 읽었어."

아침부터 또 시작이에요. 고운이, 고운이, 고운이……. 엄마 입속은 '고운이'로 가득 차 있는 것 같았어요.

고운이는 어젯밤처럼 소파에 앉아 책을 읽고 있었어요.

"너, 나 야단맞게 하려고 일부러 더 책 보는 거지?"

"재미있어서 보는 거거든? 넌 그 재미를 모르겠지만."

고운이는 동민이의 얼굴도 보지 않은 채 대꾸했어요.

"어휴! 책벌레!"

그때, 주방에서 엄마가 말했어요.

"얼른 들어가서 씻기나 해. 늦게 일어나서 고운이한테 왜 시비야?"

엄마는 언제나 고운이 편만 들어요. 그렇게 좋으면 고운이를 딸로 삼으라지요. 동민이는 고운이와 바꿔 고모네 집에서 살고 싶었어요. 고모는 동민이를 볼 때마다 이렇게 칭찬해 주거든요.

"우리 동민이, 씩씩하고 활달하기도 하지."

고모는 동민이가 늦잠을 자도 이럴 거예요.

"씩씩하게 잘 노니까 잠도 씩씩 잘 자네. 그래야 키도 쑥쑥 잘 크지."

그러면 눈을 뜰 때 얼마나 기분이 좋을까요? 초콜릿이 입안

에서 살살 녹는 것처럼 부드럽고 달콤할 텐데요. 동민이도 고모네 집에서 살며 왕자 대접을 받고 싶었어요. 고운이가 우리 집에서 공주 대접을 받는 것처럼 말이에요.

"똥민! 오늘 축구 못했으니까 우리 배드민턴 칠까?"
집 근처에 왔을 때 윤표가 말했어요. 오늘은 형들이 운동장을 먼저 차지하고 있어서 축구를 못했거든요.
"그래, 좋아!"
"역시 우리는 환상의 짝꿍이야. 자, 오랜만에 단짝 인사!"
동민이는 윤표와 단짝 인사를 나누었어요. 손바닥 마주치기, 둘이 팔로 X자 만들기, 팔꿈치 부딪치기, 다시 손바닥 마주치기, 마지막으로 주먹 마주치기. 오랜만에 하는데도 박자가 척척 잘 맞았어요.
윤표가 배드민턴 채를 가지고 나왔어요. 윤표는 어려운 공도 잘 받아쳤어요. 동민이도 뒤지지 않았어요. 배드민턴 시합을 벌이면 아마도 2학년 전체에서 1등과 2등을 나눠 가질 거예요.

언제 왔는지 고운이가 구경을 하고 있었어요. 동민이는 팔에 힘이 불끈 솟아올랐어요. 책벌레에게 멋진 모습을 보여 주고 싶었거든요.

윤표와 둘이 열 번도 넘게 공을 주고받았어요. 동민이는 공을 주우며 슬쩍 고운이를 쳐다보았어요. 고운이가 놀라는 눈치였어요.

"참! 오늘 학습지 선생님 오시는 날인데 깜빡했네. 잠깐 너희 둘이 치고 있어. 얼른 집에 갔다 올게."

윤표는 배드민턴 채를 고운이에게 건네고 곧장 집으로 달려갔어요.

책벌레의 콧대를 납작하게 만들어줄 좋은 기회예요. 동민이는 서브를 넣었어요. 그러자 고운이는 엉뚱한 곳에 채를 휘둘렀어요.

"야! 지금 파리 잡냐? 그것도 못 받으면 어떻게 해?"

"그럴 수도 있지, 뭘 그래?"

고운이는 태연히 대꾸했어요. 그리고 공을 주워 서브를 넣었어요. 동민이는 고운이의 서브 넣는 모습에 그만 웃음이 터져 나왔어요. 공이 떨어진 뒤에야 배드민턴 채를 휘두르지 뭐예요.

"너, 지금 바보 흉내 내냐?"

"실수야. 다시 할게."

고운이는 다시 서브를 넣었지만 이번에도 마찬가지였어요. 몇 번이나 거듭했지만 공은 배드민턴 채와 줄곧 엇박자가 났어요.

"야, 최고운! 굼벵이도 너보다 낫겠다. 공 이쪽으로 던져 봐."

동민이는 공을 받아 서브를 넣었어요. 고운이는 공이 오기도 전에 배드민턴 채를 먼저 휘둘렀어요.

"야! 공을 보면서 쳐야지. 그렇게 해서는 백 번을 해도 못 치겠다."

"이번에는 잘할게. 다시 공 줘."

동민이는 속이 부글부글 끓었지만 다시 서브를 넣

었어요. 이번에는 공이 떨어진 뒤에 채를 휘둘렀어요. 게다가 각도도 어긋났어요.

"아이고! 답답해. 너랑 치느니 차라리 원숭이를 훈련시켜 치는 게 낫겠다."

동민이는 그동안 책 때문에 받은 설움을 한꺼번에 되갚아 주었어요.

"넌 처음부터 잘했어? 나도 연습하면 잘할 수 있거든."

"난 처음에도 너 같지 않았거든? 배드민턴도 책으로 공부 좀 하지그래."

고운이는 동민이를 노려보며 씩씩거리더니, 배드민턴 채를 바닥에 내던지고 가 버렸어요.

"굼벵이 사촌! 너, 이제부터 나한테 까불지 마!"

동민이는 속이 후련해졌어요. 더 이상 내 앞에서 잘난 척은 못하겠지요?

chapter 4

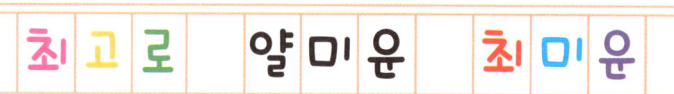 

동민이는 윤표한테 고마워 절이라도 하고 싶었어요. 배드민턴을 친 뒤로 고운이의 어깨가 축 늘어졌거든요. 엄마도 고운이가 배드민턴 치는 모습을 보았다면 고운이 좀 본받으라는 말을 더 이상 안 할 텐데요.

저녁을 먹은 뒤, 모두 둘러앉아 텔레비전을 보면서 포도를 먹었어요. 그때 갑자기 고운이가 시계를 보더니 리모컨을 집어 들며 물었어요.

"다른 방송 봐도 돼요? 퀴즈 할 시간 됐거든요."

책벌레 고운이가 텔레비전 리모컨을 잡는 건 처음이었어요.

"그럼, 되고말고. 고운이는 퀴즈 프로그램을 좋아하는구나."

아빠가 빙긋이 웃으며 대답했어요.

퀴즈가 시작되었어요.

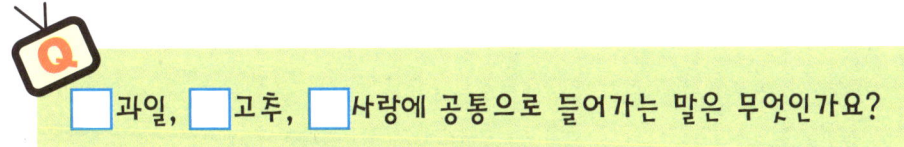
□과일, □고추, □사랑에 공통으로 들어가는 말은 무엇인가요?

"풋!"

동민이는 깜짝 놀랐어요. 고운이의 외마디 소리와 동시에 무언가 날아와 볼을 때렸거든요. 동민이의 볼에서 떨어진 것이 바닥에 데굴데굴 굴렀어요.

"어? 이게 뭐야!"

그건 바로 고운이의 입에서 튀어나온 포도 알이었어요.

"에이! 더러워. 야, 최고운!"

동민이는 얼굴을 손으로 문지르며 소리를 빽 질렀어요.

"맞았다!"

그러나 고운이는 동민이의 말에는 아랑곳없이 만세를 부르며 좋아했어요.

"와! 고운이 제법인걸?"

엄마와 아빠도 고운이가 문제를 맞힌 것에만 관심을 보였어요. 동민이가 다시 화를 내자 고운이는 그제야 미안하다고 했

어요. 텔레비전에서 눈을 떼지 않은 채 건성으로 말이에요.

Q 판소리 다섯 마당 가운데 하나로 박타령이라고도 불리는 이것은……

"흥부가!"

고운이는 문제가 끝까지 나오기도 전에 또 답을 맞혔어요.

"우와! 고운이 똑똑하다."

고운이는 엄마와 아빠의 칭찬에 입이 벌어졌어요.

Q 프랑스 애국심의 상징이 되는 이 사람은 '프랑스를 구하라'라는 신의 명령을 받고 기적처럼 나타난 시골 처녀로, 백년전쟁에서…….

"잔다르크!"

텔레비전에서는 계속 문제가 흘러나왔고, 고운이는 나오는 문제마다 척척 맞혔어요. 동민이는 텔레비전을 당장 꺼버리고 싶었어요.

"이거 재방송 아냐? 너, 본 거 또 보는 거지?"

동민이는 문제가 다 나오기도 전에 답을 맞히는 고운이가 의심스러웠어요.

"미안하지만 토요일 저녁마다 하는 프로거든?"

고운이는 팔짱을 끼고 눈을 내리깔며 말했어요.

"쳇! 그깟 퀴즈만 잘 맞히면 뭐 해? 운동은 굼벵이보다 더 못하면서."

"박동민! 고운이랑 같은 학년 맞아?"

"만날 공 차고 게임만 하니까 너는 하나도 못 맞히잖아."

엄마가 아빠의 말에 장단을 맞추었어요.

"나도 퀴즈 많이 안단 말이에요. 최고운! 너, 내가 내는 문제 맞혀 봐. 세종대왕이 만든 배 이름이 뭐야?"

"세종대왕이 무슨 배를 만들어? 이순신 장군이 만들었지."

어휴~ 괴물! 다른 애들은 아무 생각 없이 거북선이라고 대답하는데 고운이는 속지 않았어요.

"그럼 우리나라 장수 중 가장 소문이 많이 난 사람은?"

"이순신 장군?"

"땡! 연개소문이거든? 그것도 모르면서……."

고운이는 어이없다는 듯 웃었어요.

"열 번 찍어도 안 넘어가는 나무는?"

"글쎄……. 이 세상에 그런 나무도 있어?"

"있어. 꿈나무!"

"아이고! 어디서 이상한 것만 주워듣고서는……."

엄마는 동민이에게 눈을 흘기고는 방실 웃으며 고운이에게 물었어요.

"고운이는 무슨 꿈나무야?"

"저는요, 외교관이 된 다음에 유엔사무총장이 되는 게 꿈이에요."

"어머! 꿈도 참 똑소리 나게 야무지네."

엄마의 입에서 침이라도 흘러나올 것 같았어요.

"우리 동민이는 무슨 꿈나무일까?"

동민이는 꿈이 한 개가 아니라 여러 개예요. 축구 선수, 프로 게이머, 야구 선수……. 지난 올림픽 뒤로 배드민턴 선수도 되고 싶었어요. 대한민국 선수들이 금메달을 따는 모습이 정말 멋졌거든요. 그런데 지금은 대답하고 싶지 않았어요.

"동민이는 꿈이 없는 거야?"

엄마는 고운이에게 말할 때와는 180도 달라진 말투로 말했어요.

동민이는 미운 오리 새끼가 된 기분이었어요. 최고운. 아니, 최고로 얄미운 최미운. 냄새 나는 헌책이나 갉아먹는 진짜 책벌레가 되어 버렸으면……. 그러면 입김 하나로 훅, 날려 집으로 보내 버릴 수 있을 텐데요.

chapter 5

오늘은 정말 기분 좋은 날이에요. 축구 시합에서 두 골이나 넣었거든요. 그리고 집에 와서 윤표와 야구하는데, 던지는 공마다 방망이에 딱딱 맞지 뭐예요. 마치 방망이에 자석이 달려 공을 잡아당기는 것 같았어요. 게다가 컴퓨터 게임까지 연달아 이겼어요.

만날 오늘만 같다면 얼마나 좋을까요? 오늘 밤에는 잠도 꿀처럼 달콤할 것 같아요. 동민이는 가방을 챙겨놓고 달콤한 꿈나라로 갈 생각이었어요.

그런데 알림장을 여는 순간 갑자기 눈앞이 캄캄해졌어요. 독서 감상문 쓰기 숙제를 그만 깜빡하고 만 거예요. 읽은 책도 없는데 독서 감상문을 당장 어떻게 쓰지요?

숙제를 안 해 가면 스티커를 두 장씩 떼는 데다, 일주일 내내 반 아이들 심부름꾼이 되어야 해요. 우유 가져오기, 칠판 지우기, 물 떠오기 등 별별 심부름을 다 해야 돼요.

동민이는 책 읽기와 글쓰기가 제일 싫어요. 일기도 두세 줄만 쓰면 금방 쓸 말이 없어져요. 할 수 없이 숙제를 포기하고 자려는데 좋은 생각이 반짝 떠올랐어요.

'내가 왜 그 생각을 못했지?'

동민이는 고운이 방으로 살금살금 걸어가 문을 열었어요. 다행히도 고운이는 자고 있었어요. 동민이는 조심스레 고운이의 가방 안을 뒤졌어요.

'야호!'

동민이는 너무 좋아 만세라도 부르고 싶었어요. 동민이가 찾던 독서 감상문 숙제가 있었거든요.

'난 천재야, 천재!'

요즘 독서 축제 기간이라 다른 반도 숙제를 내 줬을 거란 생각이 딱 맞은 거예요.

동민이는 고운이의 독서 감상문을 가져와 베끼기 시작했어요. 고운이와 같은 반이 아니니까 아무도 모를 거예요.

엉뚱하지만 멋진 푸셀에게   -'잔소리 없는 날'을 읽고-

조금 엉뚱하지만 멋진 푸셀! 난 최고운이라고 해.

동민이는 그대로 따라 썼다가 최고운을 지우고 박동민이라고 고쳐 썼어요. 혹시 지운 글씨가 보일까 봐 아주 깨끗이 지웠어요.

'무슨 감상문이 편지 같아? 똑똑한 척은 혼자 다 하면서 감상문도 쓸 줄 모르는군.'

부모님들이 잔소리하는 건 어느 나라나 다 마찬가지인가 봐. 우리 엄마도 잔소리가 아주 심하시거든.

'고모가 잔소리가 심하다고? 고모는 우리 엄마에 비하면 천사지.'

책만 보지 말고 친구들과 놀아라, 운동 좀 해라, 밥 좀 많이 먹어라……

'이게 무슨 잔소리야? 우리 엄마가 만날 이렇게 말하면 소원이 없겠네. 고모는 천사라니까.'

> 넌 단 하루 동안만 '잔소리 없는 날'을 보냈지? 그런데 나는 요즘 날마다 '잔소리 없는 날'을 보내고 있어. 왜냐하면 난 지금 외삼촌 댁에서 지내고 있거든. 우리 외삼촌과 외숙모는 내가 책을 많이 본다고 칭찬해 주셔. 그리고 똑똑하고 야무지다고 무척 예뻐해 주셔. 엄마 잔소리도 듣지 않고 칭찬만 들으니까 여기서 계속 살고 싶단 생각이 들기도 해.

'흥! 누구 맘대로!'

> 다른 건 다 좋은데 나랑 같은 학년인 외사촌이 조금 별로이긴 해. 걔는 책도 안 읽어서 말도 안 통하고, 돼지처럼 먹는 것만 좋아해. 그리고 만날 놀기나 하고, 컴퓨터 게임만 좋아해.

'뭐라고? 말이 안 통한다고? 그리고 돼지?'

당장 고운이를 깨워 따지고 싶었지만, 꾹 참고 독서 감상문을 베꼈어요. 대신 내용을 조금 바꿔 '잘난 척 대장에, 공주병에, 고자질쟁이'라고 썼어요.

긴 독서 감상문을 끝까지 다 베끼고 나니 팔이 아팠어요. 동민이는 맨 마지막을 보며 코웃음을 쳤어요.

- 세계 평화를 꿈꾸는 미래의 유엔사무총장 최고운 -

'흥! 세계 잘난 척 협회 사무총장이 딱 어울리거든. 그리고 세계 평화를 꿈꾸기 전에 사촌이나 평화롭게 해 주지. 내가 돼지라고? 어디 두고 봐!'

동민이는 고운이 대신 원고지에 주먹을 들이댔어요.

chapter 6

"너, 외숙모한테 다 말한다!"

고운이가 으름장을 놓았어요.

"아, 알았어. 더 칠게."

동민이는 30분도 넘게 고운이와 배드민턴을 쳤어요. 아니, 배드민턴은 치지도 못하고 바닥에 떨어지는 공을 줍기에 바빴지요.

이게 꿈이라면 얼마나 좋을까요? 미끄럼틀을 탄 것처럼 잘 나가다가 그만 땅에 떨어진 기분이에요. 고운이 독서 감상문을

베껴 쓴 숙제 말이에요. 운 좋게도 담임선생님이 깜빡 속아 스티커도 떼지 않고, 심부름을 하지 않아도 됐어요. 그런데 행운은 딱 거기까지였어요.

글쎄, 동민이의 독서 감상문이 반에서 대표로 뽑혔지 뭐예요? 그런데 어이없게 고운이 것도 뽑힌 거예요. 으으윽! 그런 일이 생길 줄은 꿈에도 생각 못했어요. 별로 잘 쓴 것 같지도 않은데 왜 뽑힌 걸까요?

동민이는 고운이와 함께 담당 선생님께 불려 갔어요. 아아! 되돌릴 수만 있다면 스티커를 모두 다 떼고, 한 달 동안 아이들 심부름꾼을 해도 좋을 텐데요. 고운이는 얼굴이 붉으락푸르락 되어 펄펄 뛰었어요. 아무튼 의리라고는 눈곱만큼도 없다니까요.

동민이는 담당 선생님과 담임선생님께 망신을 톡톡히 당했어요. 정말 쥐구멍이라도 있으면 들어가고 싶었어요.

그런데 동민이가 넘어야 할 산은 또 있었어요. 그건 바로 엄마였지요. 동민이는 하는 수 없이 고운이에게 사정했어요.

"제발 엄마한테는 비밀로 해 줘. 네가 시키는 대로 다 할게."

"제발 비밀로 해 줘."

그 뒤로 고운이는 뭐든지 자기 마음대로였어요. 정말 치사하고 아니꼬웠지만 어쩔 수 없었어요.

동민이가 독서 감상문 때문에 망신을 당하고 나서 며칠 뒤였어요. 고운이가 집에 같이 가자며 교실 앞에서 기다렸어요. 또 무슨 꿍꿍이일까요? 배드민턴을 같이 치자는 걸까요? 고운이와 배드민턴을 같이 치느니 차라리 벌을 서는 게 나을 거예요.

'나한테 걸린 마술이 언제 풀릴까?'

고운이가 집에 왔을 때부터 동민이는 계속 나쁜 마술에 걸린 것 같았어요.

"외숙모! 저 상장 두 개 받았어요."

고운이는 집에 들어가자마자 상장을 꺼냈어요.

"어머! 넌 어떻게 상장을 한 번에 두 개씩이나 받니? 정말 대

단하다."

"이건 독서 감상문 대회 최우수상이고요, 이건 독서 퀴즈 대회 최우수상이에요."

"어머머! 두 개 다 최우수상이야?"

엄마의 눈에는 놀라움과 부러움이 가득했어요. 동민이는 굳이 자신 앞에서 상장을 꺼내는 고운이가 너무 얄미웠어요.

오늘 같은 날은 눈치껏 굴어야 해요. 언제 불똥이 튈지 모르거든요. 동민이는 얼른 방으로 들어가 숙제와 밀린 학습지를 했어요. 그리고 일기도 미리 써 놓았어요.

그런데 고운이와 엄마가 아까부터 이상해요. 둘이 계속 머리를 맞대고 뭔가 수군거리는 거예요. 슈퍼마켓도 같이 다녀오고, 집안에서도 내내 바쁘게 돌아다녔어요. 최미운이 또 무슨 일을 꾸미는 걸까요? 설마 독서 감상문 베껴 쓴 걸 고자질한 건 아니겠지요?

"고운아, 그럼 너만 믿는다! 외숙모 볼일 좀 보고 올게."

동민이는 엄마가 고운이에게 몰래 윙크하는 것을 보았어요.

"무슨 일 꾸민 거야? 너, 나 골탕 먹일 궁리 하고 있지?"

"골탕은 무슨! 외숙모랑 같이 너 책 읽히기 대작전을 짰을 뿐이야."

고운이는 의기양양한 얼굴로 말했어요.

"책 읽히기 대작전? 난 할 거 많으니까 너나 실컷 읽어."

"자, 이 책을 꼼꼼하게 읽으면 선물이 기다리고 있을 거야. 그런데 꼭 한 장 한 장 다 읽고 넘겨야 돼."

고운이가 《마법의 안경》이란 책을 내밀었어요.

"진짜 선물 있는 거지? 없으면 알아서 해!"

책에 돈이나 도서상품권을 끼워 놓은 걸까요?

동민이는 잠깐 책장을 넘겨 보았어요. 책 사이 사이에 노란색 쪽지가 언뜻 보였어요. 쪽지에는 글씨가 쓰여 있었어요.

"너, 그 쪽지 절대 먼저 보면 안 돼. 약속 안 지키면 알지? 외숙모한테 네 비밀……."

"알았어. 책 읽으면 될 거 아냐."

동민이는 책장을 넘겼어요. 그러나 깨알 같은 글자들을 읽을 생각은 조금도 없었어요. 놀이 천재 동민이는 눈으로 도미노 게임을 했어요. 먼저 글자가 손가락 한 마디 만큼 높다고 생각한 다음, 눈으로 훑으며 글자들을 쓰러트리는 거예요.

10쪽에 드디어 쪽지가 있었어요.

'여기까지 읽느라 수고했어. 외숙모 화장대 맨 위 서랍을 열어 봐!'

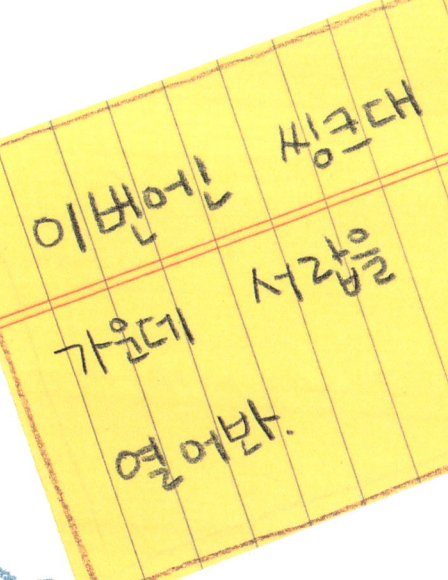

이번에 씽크대 가운데 서랍을 열어반.

동민이는 안방으로 들어가 엄마 화장대 서랍을 열었어요. 서랍 안에는 동민이가 좋아하는 초코바가 들어 있었어요.

동민이는 계속해서 책을 읽는 척했어요. 도미노 놀이가 싫증날 즈음, 글자 찾기 놀이를 했어요. 책장을 넘기면서 한 글자씩 찾아 '최고운' '책벌레' 같은 말을 만드는 거예요. 그런 다음에 보이지 않는 물총으로 쏘았어요. 진짜 물총으로 고운이를 쏘는 것처럼 통쾌했어요.

"재미있지?"

고운이가 동민이를 쓱 보더니 물었어요.

"응, 재미있어."

크크크! 속은 줄도 모르고 흐뭇해하는 고운이가 정말 고소했어요. 한참 만에 또 쪽지가 나왔어요.

'책 재미있지? 이번에는 씽크대 가운데 서랍을 열어 봐!'

씽크대 서랍 안에는 동민이가 좋아하는 호두과자가 들어 있었어요.

드디어 끝까지 책장을 다 넘겼어요. 곳곳에 맛있는 것들이

숨어 있는데 이 정도 고생쯤이야 괜찮아요. 마지막 책장에도 쪽지가 붙어 있었어요.

'방가방가! 똥민! 책 다 읽은 거 축하해. 두 번째 책 첫 장을 열어 봐. 책을 다 읽은 상으로 선물을 줄게. 두 번째 책은 《우당탕퉁탕 삼총사》야.'

고운이가 책을 내밀었어요. 책의 첫 장에 천 원짜리 지폐가 끼워져 있었어요. 야호! 동민이는 자꾸 웃음이 나왔어요. 책을 아무리 많이 읽으면 뭐 해요? 이렇게 엉터리로 읽는 걸 알아채지도 못하면서 말이에요.

오늘은 여기까지! 내일은 또 어떤 선물이 기다리고 있을까요?

chapter 7

빨주노초파남보 무지개

"크크크! 히히히! 하하하하!"

고운이는 어느새 학교에서 돌아와 소파에서 책을 읽고 있었어요. 친구들과 놀 줄도 모르는 불쌍한 최고운! 책벌레 고운이는 친구도 별로 없는 것 같았어요.

동민이는 컴퓨터 게임을 하려다 고운이 옆에 앉았어요. 오늘은 책 속에 무슨 선물이 있을지 궁금했거든요.

'히히히! 또 대충 읽는 척만 하고 선물이랑 돈이나 챙겨야지.'

동민이는 《우당탕통탕 삼총사》를 펼쳤어요. 그리고 또 놀이

를 시작했어요. 이번에는 맨 앞 글자랑 뒤글자 짝을 맞추었어요. 가끔 '여보', '하마', '요정', '바보', '딸랑' 같은 게 만들어졌어요. 오늘은 어제보다 한참 뒤쪽에 쪽지가 끼워져 있었어요.

'열두 번째 줄 일곱 번째 글자를 기억해!'

"이게 뭐야? 선물은 어디에 있는데?"

"계속 읽어 봐. 끝까지 읽으면 달콤한 꿀이 나올 테니까."

고운이는 야릇한 미소를 지었어요.

"너, 선물 없기만 해 봐!"

동민이는 쪽지에 쓰인 대로 글자를 세어 나갔어요. '최' 자였어요.

"우리 아들 책 읽는 모습 정말 예쁘네. 간식 먹고 책 읽어."

엄마는 함박웃음을 지으며 떡볶이를 가져왔어요.

동민이는 떡볶이를 먹고 나서 또 책장을 넘겼어요. 책에는 모두 아홉 장의 쪽지가 들어 있었어요. 글자들은 차례대로 '최, 고, 운, 가, 방, 을, 열, 어, 봐.'였어요. 지금까지 선물이 단 한 번도 없었으니 당연히 큰 것이겠지요?

고운이의 가방 안에는 포장지에 싸인 선물이 있었어요. 포장지를 풀자 최신 유행 팽이가 나왔어요. 동민이가 무척 갖고 싶어 했던 팽이예요.

"야호!"

동민이는 만세를 불렀어요.

다음 날이었어요.

"또 축구했어? 할아버지 제사라고 일찍 오랬잖아. 얼른 씻고 옷 갈아입어."

동민이는 오늘이 제사라는 걸 그만 깜빡했어요. 부랴부랴 세수를 하고 나오는데 고운이가 웃으며 다가왔어요. 동민이가 책을 읽기 시작한 뒤로 고운이가 부쩍 다정해졌어요.

"야, 똥민! 우리 요술 안경 만들자."

고운이는 동민이에게 선글라스를 내밀었어요. 동민이가 나들이 갈 때 쓰는 선글라스예요. 고운이는 안경을 벗어 들더니 큰소리로 외쳤어요.

"빨주노초파남보 무지개!"

"무슨 소리야? 웬 무지개?"

활짝 웃던 고운이의 얼굴이 일그러졌어요.

"요술 안경 만들자고! 다시! 빨주노초파

남보 무지개!"

"갑자기 뚱딴지같이 요술 안경이라니? 너, 머리가 이상해진 거 아니야?"

동민이는 손가락을 머리 옆에 대고 빙글빙글 돌렸어요.

"야! 너, 수상해! 《마법의 안경》 제대로 읽은 거 맞아?"

고운이는 실눈을 뜨며 노려보았어요. 동민이는 움찔했어요.

'에잇! 바보! 책 얘기 하는 걸 미리 눈치 챘어야 하는데…….'

"어쩐지 빨리 읽는다 했어. 외숙모! 동민이 책 안 읽었대요."

고운이는 동민이가 말릴 새도 없이 쪼르르 달려가 엄마한테 고자질을 했어요.

"읽었거든?"

"그럼 요술 안경 주문 외워 봐."

"빨주노초파남보 무지개."

"그러니까 하나는 그거고, 또 하나가 뭐냐고?"

동민이는 입을 뗄 수가 없었어요.

"너, 《우당탕퉁탕 삼총사》도 안 읽었지? 삼총사 이름이랑 구호가 뭐야?"

'무슨 책이 유치하게 주문에 구호 투성이야!'

이럴 줄 알았으면 글자들을 조금이라도 눈여겨봐 둘 걸 그랬어요.

"읽긴 읽었는데 잊어버렸어."

엄마가 어느새 동민이 옆에 와서 동민이를 노려보았어요.

"뭐? 어제 읽은 걸 잊어버렸다고? 책 읽는다고 좋아했더니 책장만 넘기면서 읽은 척한 거야? 어휴! 기가 막혀."

엄마의 얼굴이 벌게졌어요.

"외숙모! 동민이가 제 독서 감상문도 베껴 썼대요."

"뭐라고? 독서 감상문을 베껴? 이 녀석이 정말!"

엄마는 당장 회초리를 꺼내 왔어요. 그리고 손바닥을 열 대나 때렸어요. 손바닥이 떨어져 나가는 것 같았어요.

동민이는 방으로 들어가 엉엉 울었어요. 고운이는 못된 팥쥐 같고, 엄마는 마음씨 고약한 새엄마 같아요. 한참을 울다 잠들었는데 얼마나 지났는지 누군가 흔들어 깨웠어요.

"얼른 일어나! 시골 가야지."

"안 가고 그냥 집에 있을래요."

동민이는 몸도 아픈 것 같고, 꼼짝도 하기 싫었어요. 손으로 이마를 만져 보았는데 아쉽게도 열은 나지 않았어요.

"밤늦게 올 건데 혼자 어떻게 있어? 얼른 일어나!"

"숙제도 엄청 많고 머리도 아프단 말이에요."

눈물이 또 나오려고 했어요. 엄마는 팔짱을 끼고 잠깐 서 있더니 말했어요.

"그럼 이따가 저녁 혼자 먹어. 그리고 컴퓨터 켜지 마! 일주일 동안 금지야!"

엄마는 못 미더운지 몇 번이나 다짐을 받고 고운이와 함께 집을 나섰어요.

야호! 팥쥐와 새엄마로부터 해방이에요.

동민이는 빵과 우유를 먹고 뒹굴거리며 텔레비전을 보았어요. 숙제가 많다는 건 핑계였어요. 고자질쟁이 팥쥐랑 팥쥐 편만 드는 엄마와 같이 가고 싶지 않았거든요. 할머니가 주시는 용돈을 못 받아 아쉽긴 했지만요.

동민이가 한참 텔레비전을 보고 있는데 갑자기 비가 쏟아지기 시작했어요. 얼마 뒤 번쩍, 번개가 치더니 요란한 천둥 소리가 울렸어요.

"엄마야!"

동민이는 무서워서 소리를 질렀어요. 또 번개가 쳤어요. 이번에는 불빛이 더 강렬했어요. 번개가 치고 나서 곧바로 우르릉 쾅쾅, 하늘이 무너지는 듯한 소리가 났어요. 동민이는 너무 무서워서 울음이 나오려고 했어요.

이럴 때 컴퓨터 게임을 하면 덜 무섭겠지요? 엄마와의 약속을 지키고 싶었지만 무서움을 달래려면 어쩔 수 없었어요. 게임을 하고 싶어서가 아니라 천둥 때문이라고요.

컴퓨터 전원을 막 켜려고 할 때였어요. 따르르릉! 동민이는 전화벨 소리에 깜짝 놀랐어요. 수화기에서 엄마 목소리가 들렸어요.

"동민아! 지금 번개 치지? 컴퓨터 절대로 켜지 마. 잘못하면 번개 맞아서 큰일 나."

번개를 맞는다고요? 하마터면 큰일 날 뻔했어요. 동민이는 놀란 가슴을 쓸어내렸어요.

"텔레비전도 끄고 숙제하고 있어. 제사 지내고 바로 갈게."

"엄마! 무서워……."

"그러니까 같이 왔으면 좋았잖아. 무서울 거 없어. 괜찮아."

동민이는 텔레비전을 끄고 코드도 뽑았어요. 텔레비전을 끄니까 더 무서웠어요. 번개와 천둥이 계속 쳤어요. 마치 우주 전쟁이 난 것 같았어요. 동민이는 이불을 푹 뒤집어 쓴 채 소파에 엎드렸어요.

시계를 보니 아직 일곱 시 반밖에 되지 않았어요. 거의 열두 시는 되어야 돌아오실 텐데, 그때까지 어떻게 기다릴지 막막했어요.

우주 전쟁이 멈춘 걸까요? 한동안 번개가 치지 않았어요. 이불을 살짝 들추고 얼굴을 내밀었는데 눈앞에 《마법의 안경》이 보였어요.

'도대체 요술 안경 주문이 뭐야?'

동민이는 궁금한 마음에 책을 펼쳤어요. 처음에는 요술 안경 주문만 찾아 보려 했는데 읽다 보니 정말 재미있었어요.

놀이공원 도깨비 집에서 알콩이와 달콩이는 우연히 마법의 주문을 듣게 돼요. 둘이 안경을 벗어 마주친 다음, 한 사람이 '빨주노초파남보 무지개!'라고 외치면 다른 사람이 '보남파초노주빨 개지무!'라고 외치는 거예요. 그러면 다른 사람의 마음까지 볼 수 있는 요술 안경으로 변해요. 요술 안경으로 서로 속마음을 보면서 사람들을 놀려주는 게 무척 재미있었어요.

동민이는 《마법의 안경》을 다 읽고 나서 《오합지졸 특공대》를 읽었어요. 고운이가 배꼽을 쥐고 웃으며 읽던 책이에요. 처음부터 웃음이 빵빵 터져 나왔어요.

번쩍! 우르릉 쾅쾅! 밖에서는 여전히 번개와 천둥이 쳤지만 아까처럼 무섭진 않았어요. 어느 때는 천둥 소리가 모기 소리처럼 작게 들렸어요.

1권을 다 읽고 나니 소르르 잠이 밀려 왔어요.

'2권은 내일 읽어야지.'

chapter 8

동민이는 윤표가 축구를 하자는 것도 뿌리치고 집으로 달렸어요. 어제 읽던 책 2권을 읽을 생각에 마음이 급했어요. 마지막에 오합지졸 특공대가 위기에 닥쳤거든요.

"엄마! 여기 있던 책 다 어디 있어요? 그리고 팥쥐는 왜 안 보여요?"

헐레벌떡 집에 도착해서 보니 탁자 위가 책 한 권 없이 말끔했어요.

"고운이한테 팥쥐가 뭐야? 좀 전에 고모가 데리고 갔어. 고운이 할머니 퇴원하셨거든. 고모가 너 못 보고 가서 미안하대. 할머니 시골로 가시면 놀러 오신댔어."

어떻게 이럴 수가 있지요? 제발 집에 가라고 할 때는 안 가더니…….

"책도 다 가져갔어요?"

"그럼. 어쩐 일로 책을 다 찾아? 오늘 해가 서쪽에서 떴나?"

그로부터 이 주일이 지났어요. 야호! 오늘은 고모가 집에 오기로 한 날이에요.

"빨주노초파남보 무지개!"

　동민이는 일어나자마자 엄마 몰래 고모네 집으로 전화를 걸었어요. 마침 고운이가 전화를 받았어요.
"야! 최미운!"
"왜? 박 '똥' 민!"
"너, 우리 집에 올 때 《오합지졸 특공대》 2, 3권 가지고 와. 꼭!"
"쳇! 책은 읽지도 않으면서 왜 가져오래?"
"지난번 제사 때 1권 읽었단 말이야. 《마법의 안경》도 읽었거든?"
"흥! 그걸 어떻게 믿어? 증명해 봐!"
"알았어. 네가 먼저 해 봐."
"빨주노초파남보 무지개!"
"보남파초노주빨 개지무!"
　동민이는 또박또박 주문을 외웠어요. 고운이는 잠시 생각하는 듯하

더니 말했어요.

"그럼 조건이 있어. 책 빌려주는 대신 나랑 배드민턴 한 시간 치기."

"말도 안 돼! 굼벵이 사촌이랑 어떻게 한 시간을 쳐? 30분!"

"그럼 40분!"

고운이와 40분 동안 배드민턴을 치려면 백 번도 넘게 공을 주워야 할 거예요. 배드민턴은 한 번도 못 치고 공만 줍다 끝나겠지만 하는 수 없지요.

"알았어. 대신 3권까지 꼭 가지고 와!"

딩동! 점심 무렵에 초인종이 울렸어요.

"우리 동민이 잘 있었어? 너, 책 때문에 한바탕 했다며? 호호호! 역시 동민이는 멋지단 말이야."

고모는 동민이의 코를 살짝 비틀었어요.

"고모는! 멋지긴 뭐가 멋져요. 난 속상해 죽겠는데……."

"큰 인물들 보면 어렸을 때 다 엉뚱한 짓 했잖아요. 동민이는

나중에 큰 사람이 될 거예요."

역시 고모는 내 편이에요.

"너, 2권까지만 읽고 배드민턴 치는 거다."

고운이가 가방에서 책을 꺼내며 말했어요. 동민이는 책을 받자마자 읽기 시작했어요. 엄마의 눈이 휘둥그레졌어요. 엄마가 뭔가 말하려고 하자, 고모가 서둘러 엄마를 데리고 방으로 들어갔어요.

책장이 어떻게 넘어갔는지도 모르게 2권을 다 읽었어요.

"자, 나가자."

고운이는 배드민턴 채를 들고 지켜 서 있다가 말했어요. 동민이는 얼른 3권을 읽고 싶었지만 할 수 없이 고운이를 따라 나갔어요.

고운이의 배드민턴 실력은 처음보다 좀 나아졌어요. 한두 번은 받아쳤거든요. 서브도 우스꽝스럽긴 하지만 넣었고요. 그렇지만 동민이의 상대가 되기에는 아직 멀었어요.

학교에서의 전·후반 축구 시합 시간과 같은 40분이지만, 그

보다 열 배는 더 긴 것 같았어요. 동민이는 정확히 40분이 되자마자 집으로 달려갔어요. 그리고 마지막 3권을 읽었어요.

엄마와 고모의 입이 둘 다 똑같이 귀에 걸렸어요.

"최고운 선생님, 고맙습니다! 동민이 책 읽게 해 주셔서."

"박동민 선생님, 고맙습니다! 고운이 운동하게 해 주셔서."

엄마는 고운이에게, 고모는 동민이에게 머리를 숙이며 인사했어요.

고운이가 안경을 벗더니 요술 안경 주문을 외쳤어요.

"빨주노초파남보 무지개!"

"보남파초노주빨 개지무!"

동민이는 선글라스를 고운이의 안경에 맞대며 소리쳤어요.

"박동민! 너, 딱 걸렸어. 내가 팥쥐 최미운 책벌레라고?"

고운이가 안경을 쓰고 동민이의 가슴을 뚫어지게 보더니 말했어요.

"최고운! 너도 딱 걸렸어. 내가 먹보 돼지 놀벌레라고?"
동민이도 지지 않고 맞받아쳤어요.

"책벌레와 놀벌레! 잘 어울리는 한 쌍의 벌레사촌이네."

고모의 말에 모두 한바탕 웃었어요.

벌레사촌은 저녁 때까지 신나게 놀았어요. 그리고 헤어지기 전에 둘이서 멋진 벌레가 되기 위한 작전을 세웠어요.

동민이는 고운이와 함께 손바닥을 힘껏 마주쳤어요.

"벌레사촌 파이팅!"

제대로 따라하는 독서 습관 OK!

- 놀벌레와 책벌레의 따라잡기
- 나에게 맞는 독서 습관 기르기
- 일석이조 독서 놀이

놀벌레의 책벌레 따라잡기

1. 하루에 한 시간씩 책 읽기 *엄마, 아빠도 함께!*

2. 컴퓨터는 일주일에 두 번만 하기 *주중, 주말에 한 시간씩*

3. 텔레비전은 보고 싶은 프로그램을 정해 놓고 그것만 보기

4. 책 읽고 독서 감상문 쓰기

5. 일주일에 한 번씩 서점이나 도서관 가기

Tip 주말에 책벌레와 책 읽고 이야기 나누기

책벌레의 놀벌레 따라잡기

1. 하루에 30분 이상 운동하기 엄마, 아빠도 함께!
2. 책은 하루에 세 시간 이상 읽지 않기
3. 학교에서 책만 보지 않고 친구들과 놀기
4. 운동 기록장, 친구와 교환일기 쓰기
5. 일주일에 한 번 나들이하기

TIP
주말에 놀벌레와 배드민턴 치며 신나게 놀기

나에게 맞는 독서 습관 기르기

1.
책이라면 무조건 싫어요.

2.
만화책만 좋아요.

3.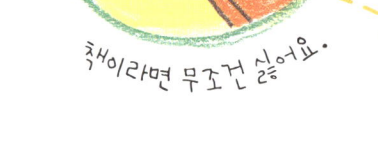
책을 건성으로 읽어요.

4.
책을 너무 많이 봐요.

5.
책 읽고 독후감 쓰는 게 싫어요.

6.
어떤 책을 봐야 할지 모르겠어요.

- + 재미있는 책부터 골라 읽기
- + 엄마 아빠와 함께 책을 읽거나 도서관 나들이하기

- + 만화책 한 권, 다른 책도 한 권씩 번갈아 보기
- + 글자가 많지 않고 재미있는 책부터 읽기 시작하기

- + 책을 읽고 간단하게 줄거리를 요약하거나 독후감 써 보기
- + 부모님이나 친구들과 같은 책을 보고 이야기 나누기

- + 하루에 책 읽는 시간을 정해 놓고 보기
- + 친구들과 어울려서 노는 시간 만들어 보기

- + 처음부터 욕심 부리지 말고 날짜와 제목, 작가 이름이라도 차례대로 써 보기
- + 딱딱한 독서 감상문 대신 독서 나무를 만들어 보기

- + 도서관이나 여러 단체에서 발표하는 권장도서 목록 참고하기
- + 책에 관심 있는 친구들끼리 독서 모임을 만들어서 정보 교환하기

책도 읽고 선물도 받는 일석이조 독서 놀이

읽고 싶은 책 아무거나 다섯 권 읽기

★★ 도서 상품권 한 장 받기

☐ ☐ ☐ ☐ ☐

읽고 싶은 책 아무거나 열 권 읽기

★★ 집에서 파티하기

☐ ☐ ☐ ☐ ☐ ☐ ☐ ☐ ☐ ☐

쿠폰을 오려서 부모님과 독서 놀이를 해 보세요.
쿠폰을 다 채우면 정말 뿌듯하겠죠?

창작동화, 옛 이야기, 위인전, 역사책, 과학책 각각 한 권씩 읽기

  서점 나들이 가서 보고 싶은 책 고르기

부모님이 골라준 책 열 권 읽기

  부모님과 외식하기

독서 습관을 확실하게 잡아주는 책
나도 책이 좋아

초판 1쇄 발행 2011년 5월 20일 **초판 16쇄 발행** 2021년 11월 18일

글 오미경 **그림** 국지승
펴낸이 이승현

편집3 본부장 최순영
교양 학습 팀장 김문주 **편집** 이주연
키즈 디자인 팀장 이수현 **디자인** 함지현

펴낸곳 ㈜위즈덤하우스 **출판등록** 2000년 5월 23일 제13-1071호
제조국 대한민국 **주소** 서울특별시 마포구 양화로 19 합정오피스빌딩 17층
전화 02)2179-5600 **홈페이지** www.wisdomhouse.co.kr **전자우편** kids@wisdomhouse.co.kr

ⓒ오미경, 2011
ISBN 978-89-6247-321-6 74810
ISBN 978-89-92010-33-7 (세트)

* 이 책의 전부 또는 일부 내용을 재사용하려면 반드시 사전에 저작권자와 ㈜위즈덤하우스의 동의를 받아야 합니다.
* 인쇄·제작 및 유통상의 파본 도서는 구입하신 서점에서 바꿔드립니다.
* 책값은 뒤표지에 있습니다.
* 이 책의 사용 연령은 8~13세입니다.